Ejecución hipotecaria de inversiones en bienes raíces en Texas

para principiantes

Cómo encontrar y financiar propiedades embargadas

por

Neilson Roberts

Tabla de contenido

Capítulo 1

Descripción general del estado de Texas

Información General del Estado de Texas

Tejas o Texas significa "amigo" proviene de la palabra 'Taysha' del idioma nativo americano Caddo.

Una de las cosas que hace que Texas sea un gran lugar para ser un inversionista de bienes raíces es que el estado tiene una población de 28,701,845 millones de residentes, iocupando el segundo lugar en los Estados Unidos!

El ingreso familiar promedio de Texas es de $59,206.

Otros datos interesantes sobre Texas:

Idiomas hablados: inglés, español

Lema: Amistad

Canción del estado: Texas, nuestro Texas

Sobrenombre del estado: El estado de la estrella solitaria

Capital del estado: Austin

La ciudad más grande: Houston

Información General del Estado de Texas

Puntos de interés en Texas

Estos son algunos de los mejores lugares para disfrutar en Texas:

1. Paseo del Rio San Antonio – San Antonio

2. Centro Espacial - Houston

3. Parque Nacional Big Bend

4. Playa - Port Arthur

5. Parque de Diversiones Six Flags– Fiesta

6. Bodegas de Texas – Austin - Fredericksburg

7. Playa – Isla Padre del Sur

La Mejor Comida

Según el sitio web 'The Daily Meal', la mejor cena de 24 horas es Magnolia Cafe en Austin. El mejor "todo lo que puedas comer" es Allen's Family Style Meals en Sweetwater. El mejor Burrito: Campechano, El Burrito Wey Estilo Jalisco, San Antonio. Muchos consideran que The Salt Lick BBQ, ubicado en el Aeropuerto Internacional de Dallas/Fort Worth, es la mejor barbacoa del estado.

Información General del Estado de Texas

La Economia de Texas

Cualquier persona de negocios, especialmente un inversionista de bienes raíces, quiere tener un negocio donde la cartera de clientes tenga mucho dinero. Otra cosa que hace que Texas sea un lugar fantástico para ser inversionista es su economía de 1.8 billones de dólares, que es la segunda más alta en los Estados Unidos. Texas tiene un producto interno bruto más alto que los países de Canadá, España y Rusia solo por nombrar algunos...

La tasa de desempleo de 2019 en Texas fue del 3,8 por ciento, en comparación con el promedio nacional de los Estados Unidos del 3,6 por ciento.

Compañías de Fortune 500

Algunas de las compañías Fortune Five Hundred con sede en Texas son AT&T, J.C. Penney, Whole Foods Market y Tenet Healthcare.

Multimillonarios en Texas

Según la revista Forbes, hay 56 multimillonarios que viven en Texas.

Por lo tanto, hay mucho dinero que puede ganar en Texas y es su trabajo como inversionista, asegurarse de hacer todo lo posible para que ese dinero encuentre el camino a su cuenta bancaria.

Capítulo 2

Cómo Comprar Propiedades de Inversión

Estrategias de los Expertos para Comprar Propiedades

Estrategias de los Expertos para Comprar Propiedades

EVITAR & GESTIONAR & ELIMINAR EL RIESGO

El legendario inversionista inmobiliario Dave Del Dotto dijo en una ocasión: "Quédese en el gobierno, se volverá rico." Los bienes raíces son una de las inversiones más seguras del mundo, cuando se realiza de la forma correcta. Existe riesgo con sólo conducir a la tienda de comestibles. Lo único que lo separa de una colisión frontal es una franja de pintura amarilla. Dicho esto, hay riesgos en cada decisión de inversión financiera que toma.

Realice su propia investigación. Sepa lo que quiere hacer, antes de empezar. ¿Está buscando cambiar de propiedades? ¿Aguantar y ganar dinero con los tipos de interés? ¿Está buscando una propiedad para vivir? ¿Está buscando alquilar propiedades? Cada decisión requiere un tipo de investigación diferente. Si usted está buscando alquilar propiedades, entonces necesita investigar lo que los complejos de apartamentos y casas locales están alquilando en el área. Si usted está buscando intercambiar una propiedad entonces necesita encontrar un agente de bienes raíces que le puede dar compensaciones únicas en la zona en el último año.

Visite cualquier propiedad que vaya a comprar. No querrá quedarse atascado en un pantano o en un terreno no edificable.

Estrategias de los Expertos para Comprar Propiedades

EVITAR & GESTIONAR & ELIMINAR EL RIESGO

Tampoco quiere quedarse atrapado con una propiedad que tiene altos impuestos sobre la renta Aprenda las tasas de impuestos de propiedad de todos los condados del estado en el que vaya a invertir.

Asegúrese de que la propiedad no ha sido condenada.

Asegúrese de que la propiedad no tenga numerosas y costosas violaciones de los códigos de la ciudad.

Pida información a varios agentes de bienes raíces sobre cualquier área en la que esté interesado en invertir.

Pregunte sobre posibles problemas ambientales.

Investigue posibles embargos por parte de constructores y contratistas.

Tenga cuidado con un propietario que pueda declararse en quiebra en una propiedad. Este es un riesgo manejable pero debido a que las leyes cambian constantemente, consulte a un abogado de bienes raíces para obtener más información sobre cómo manejar este riesgo.

Evite las estafas tratando con los empleados del gobierno tanto como sea posible.

Estrategias de los Expertos para Comprar Propiedades

1. Decida cuánto puede invertir y cíñase a los números que se le ocurran. Evite algo llamado fiebre de subasta. Se puede empezar con un "martillo rápido". Un martillo rápido es cuando el subastador cierra la subasta antes de ustedempo a un precio increíble. Está diseñado para llamar su atención y generar la "fiebre" por ser el próximo en la sala para conseguir un "Buena oferta". Cuando vaya a una subasta debe tener una lista de propiedades que haya investigado y cuál será su oferta. Esto le ayudará a evitar la fiebre de las subastas.

2. Investigación. Las casas unifamiliares con al menos 3 dormitorios son una gran inversión si se compran al precio correcto. Su investigación le dice cuál es el precio correcto. Recuerde usar los agentes de bienes raíces y su acceso al servicio de listado múltiple. También muchas grandes compañías como Remax y Century 21 tienen sitios web con toneladas de información sobre el área de bienes raíces en la que desee invertir.

www.trulia.com
 www.zillow.com
www.biggerpockets.com
https://www.census.gov/quickfacts/table/PST045216/00h
ttp://www.realtor.org

Esos son sólo algunos de los grandes sitios para obtener información de investigación sobre bienes raíces.

Estrategias de los Expertos para Comprar Propiedades

3. Contacte con los condados locales para obtener una lista de propiedades en venta. También pregunte cuándo se llevará a cabo la venta. Pregunte si puede ser incluido en una lista de correo. Use Internet para rastrear toda la información que pueda. No tenga miedo de usar otros motores de búsqueda que no sean Google. Bing y Yahoo son también grandes motores de búsqueda para usar.

4. Compre a otros inversionistas. Algunas personas se meten en problemas. Mientras conozca los números y haya investigado la propiedad, no importa a quién se la compre, siempre y cuando sea un buen negocio. Un inversionista en Michigan recientemente compró todas las propiedades en venta en una subasta de impuestos. Tiene que vender esas propiedades o es responsable de pagar los impuestos. Como dijo Carelton Sheets una vez "no puede racionalizar el asesinato" así que ¿cómo puede racionalizar el por qué alguien podría ofrecerle una buena oferta? Sólo haga sus debidas tareas en la propiedad antes de llegar a un acuerdo.

Estrategias de los Expertos para Comprar Propiedades

5. Establezca una relación con los funcionarios locales. Aprenda los nombres de las personas que trabajan en las oficinas gubernamentales que le darán información. Visítelos en persona y de las gracias. Llame y diga gracias. Envíeles una tarjeta que diga gracias. ¿Cuántas personas creen que hacen eso por ellos? Se acordarán de usted. Trabajé para el gobierno por más de 20 años. Todavía recuerdo a la mujer que me dio repetidamente limonada cuando hacía calor afuera.

6. Compre a principios de año. Cuando compra un certificado de embargo fiscal, los impuestos atrasados deben ser pagados al tesorero, así como los intereses y las multas. Redima la propiedad y podría estar ganando intereses por esta gran cantidad de dinero. Si la propiedad no se redime, puede entregar el certificado de gravamen fiscal y recibir una escritura de la propiedad, cualquier cantidad extra que pagues por el certificado proviene de usted porque podrías haber obtenido la misma propiedad por menos.

7. Intente con condados más pequeños, puede tener mucha menos competencia.

Estrategias de los Expertos para Comprar Propiedades

8. Invierta en su zona de confort. Trate de encontrar mentores que ya hayan hecho lo que usted quiere hacer. A medida que su conocimiento y experiencia aumente, podrás tomar proyectos más grandes.

9. Escriba sus metas. Recuerde responder a la pregunta de por qué está haciendo esto en primer lugar. Un poderoso por qué te mantendrá motivado cuando llegue el momento de hacer el trabajo requerido para tener éxito.

10. Tome acción. Hay mucha gente inteligente que es pobre. El Conocimiento adecuado más la acción es la clave del éxito.

Estrategias de los Expertos para Comprar Propiedades

En la microeconomía, el costo total (CT) describe el costo económico total de la producción y está compuesto por los costos variables, que varían según la cantidad de un bien producido e incluyen insumos como la mano de obra y las materias primas, además de los costos fijos.

En español... se incluyen tantos costos externos como sea posible, no sólo el costo de la propiedad de inversión.

Para tener éxito en la compra de una propiedad de inversión, hay que acertar en la determinación del costo total de una propiedad.

11. Get Investment Property Market Value

Los bienes raíces al por mayor son los bienes raíces que tienen un precio inferior a su valor de venta al por menor. ¿Pero cómo saber el valor de venta de los bienes raíces? La fórmula estándar para encontrar el valor de los bienes raíces es hacer que un agente de bienes raíces encuentre propiedades comparables (comps) que se hayan vendido recientemente. Usualmente cerca de 4 propiedades en una milla de la propiedad de compre, que se han vendido en el último año. Las fórmulas varían de un banco a otro y de un agente inmobiliario a otro.

Estrategias de los Expertos para Comprar Propiedades

Hoy en día puede obtener una estimación aproximada haciendo la investigación usted mismo. Recuerde que un banco probablemente usará su propia fórmula, pero al menos puede tratar de obtener una cifra aproximada del valor de una propiedad usando estos sitios web.

Sitios web de evaluación

https://www.zillow.com/how-much-is-my-home-worth/

http://www.eppraisal.com/

12. Seleccionar a un Agente de Bienes Raíces

Así que ahora que ha encontrado una propiedad, investigado su valor, es hora de hacer una oferta. Algunas veces tiene que usar un agente aprobado por el gobierno para hacer una oferta. Como en cualquier profesión, hay buenos agentes y no tan buenos.

Cuando vivía en Virginia, una vez al año el periódico local publicaba una lista de los mejores agentes de bienes raíces para casi todas las franquicias/negocios.
Si el periódico local no lo hace, entonces aquí está la fórmula que uso para seleccionar un agente de bienes raíces.

Estrategias de los Expertos para Comprar Propiedades

No hay cronómetros parciales. El esfuerzo a tiempo parcial suele dar resultados a tiempo parcial. Quiero un agente cuyo sustento dependa de su éxito.

El Tamaño Si Importa

El tamaño que importa. El tamaño o la cantidad de propiedades vendidas. No necesariamente la cantidad bruta del valor de la propiedad vendida. Supongamos que tiene un agente de bienes raíces que vendió 1 millón de dólares de bienes raíces y otro que vendió 500.000 dólares de bienes raíces. ¿Cuál elige? Depende. Quiero al agente que haya vendido más propiedades individuales, y no necesariamente al que tenga el mayor valor bruto. Un agente sólo puede vender una casa por un millón de dólares. El agente que vendió 500.000 dólares de bienes raíces puede haber vendido 10 casas de 50.000 dólares.

Normalmente un agente que hace muchas ventas tiene una buena fórmula de marketing y un buen equipo de agentes trabajando con o para él. No tenga miedo de preguntar "¿quién es su mejor agente? ¿Por qué?". A menudo una compañía de bienes raíces tratará de tirar un hueso a su peor agente. No sea ese hueso. Recuerde que trabajan para usted. Su comisión viene de la propiedad en la que está invirtiendo.

Algunos cursos te enseñan a negociar la comisión. Creo que un agente competente vale la comisión que ellos desean. Es su trabajo seleccionar un agente competente.

Estrategias de los Expertos para Comprar Propiedades

13. Fórmula "100-3"

Aquí hay una fórmula rápida y fácil para conseguir una buena oferta en una propiedad de inversión inmobiliaria, usando un agente de bienes raíces con el que usted ha estrechado alguna relación.

Pídale al agente que encuentre 100 propiedades en venta que hayan estado en el mercado por lo menos 90 días. Pida que envíe por fax una oferta del 25% por debajo del valor de mercado a todas las propiedades. Debido a que las propiedades han estado en el mercado por lo menos 90 días, usted está tratando con vendedores motivados. Es probable que 10 de los 100 acepten su oferta. Ahora filtre a través de los 10 y seleccione las 3 mejores propiedades. Use estos filtros para ayudarle a seleccionar las 3 mejores.

Estrategias para Realizar Ofertas

1. ¿Qué son los impuestos sobre la renta?
2. ¿Hay alguna cuota de la Asociación de Propietarios?
3. ¿Cuál será el valor de la revalorización?
4. ¿Cuáles serán sus gastos de servicios públicos?
5. Cuánto costará, para estar listo para vivir.
6. ¿Es la casa de más bajo valor en el vecindario?
7. ¿Cuál es la tasa de criminalidad

Estrategias de los Expertos para Comprar Propiedades

Impuestos de las Propiedades

Una vez tuve dos casas libres y despejadas. Las casas estaban en el mismo estado. Ambas eran similares en tamaño, pero una tenía un impuesto de propiedad de 3.000 dólares al año y la otra de 300 dólares al año en impuestos de propiedad. Puede adivinar cuál moví primero. Los impuestos sobre la renta a menudo se pasan por alto, pero pueden ser un gran factor en el costo total (TC). Investiga antes de hacer una oferta.

HOA (Home Owner Association)

Normalmente, cuando una casa parece ser la venta perfecto, pero ha estado en el mercado durante mucho tiempo, mira a ver qué es lo que se paga por la casa. Personalmente me mantengo alejado de cualquier propiedad que tenga cuotas de HOA, porque pueden aumentar y no tiene control sobre ellas.

Apreciación

Observe la historia de la apreciación de los bienes raíces. Puede variar mucho de una ciudad a otra, y de un barrio a otro. Si va a dar una vuelta rápida, entonces esto no es tan importante.

Gastos de Utilidad

La importancia del gasto depende de lo que vaya a hacer con la propiedad.

Estrategias de los Expertos para Comprar Propiedades

Gastos de Remodelación

Si no es un experto, haga que un profesional inspeccione la casa para que pueda incluir una estimación exacta de los gastos de remodelación. Esté al tanto de cualquier posible violación del código también.

El Costo Relativo al Vecindario

Normalmente es más fácil vender la casa más barata en el vecindario más caro. Sin embargo, si sólo planea alquilar la casa, entonces no es un factor tan grande.

Tasa de Criminalidad

La tasa de criminalidad puede tener un gran impacto en el valor de reventa.
Utilice sitios web como
https://www.crimereports.com/
para ayudar a entender su impacto en su propiedad.

Estrategias de los Expertos para Comprar Propiedades

14. "Tome lo que la defensa le da"

Tomar lo que la defensa le da es una metáfora deportiva para ver el todo en una situación y adaptarse a lo que ve.

Toma un enfoque similar al de hacer ofertas en bienes raíces. Si le dice a un vendedor todo lo que está mal en la casa que él o ella han pasado toda la vida construyendo... puede insultar al dueño y perder la venta.

Sin embargo, si envía una lista de las reparaciones necesarias a un representante del HUD, puede reducir el precio de la propiedad, sin hacer preguntas.

Ajuste su estrategia de hacer ofertas a la persona u organización con la que está tratando. Cuanto más lejos esté una persona de la propiedad, menos emocional será para hacer tratos.

Conozca los números de sus ganancias y cíñase a ellos. Especialmente si está ofertando por una propiedad. Tenga en cuenta la fiebre de las subastas. Sacará a relucir la naturaleza competitiva y puede llevarle a sobrepujar por una propiedad. Conozca sus números y sea disciplinado. La razón por la que elige 3 propiedades en la fórmula 100-3 es para que tenga otras 2 propiedades a las que acudir, si su primera elección no funciona.

Capítulo 3

Resumen de la ejecución de la hipoteca

Resumen de la ejecución de la hipoteca

Qué es la Ejecución de la Hipoteca

Una ejecución hipotecaria se produce cuando un banco o el titular de una hipoteca toma la propiedad de un propietario que no ha hecho los pagos de intereses y/o capital a tiempo como se estipula en el contrato de hipoteca.

Tipos de Ejecución de la Hipoteca

Ejecución Judicial

Una casa vendida por ejecución judicial es una propiedad hipotecada vendida por los tribunales. El banco o el propietario de la propiedad obtiene el producto, luego otros titulares de derechos de retención e incluso el prestatario si queda algo después de la venta. Las ejecuciones hipotecarias judiciales se llevan a cabo en los 50 estados y territorios de los Estados Unidos.

El prestamista comienza el proceso de una ejecución hipotecaria judicial presentando una demanda contra el prestatario. Dado que se trata de una acción legal, todos los involucrados deben ser notificados de los procedimientos. La notificación de los procedimientos puede variar de un estado a otro (anuncios clasificados a avisos publicados). Por lo general, se celebra una audiencia para determinar los procedimientos.

Resumen de la Ejecución de la Hipoteca

Ejecución Extrajudicial de la Hipoteca

Algunas jurisdicciones permiten que los prestamistas ejecuten la propiedad sin obtener primero una orden judicial (una cláusula de poder de venta). Esto se llama una ejecución hipotecaria no judicial.

La ejecución no judicial sólo está disponible para las escrituras de fideicomiso con cláusulas de poder de venta. No están disponibles para las hipotecas tradicionales.

Cuando están disponibles, las ejecuciones no judiciales están muy reguladas. Generalmente, antes de la ejecución, los prestamistas deben dar un aviso especial al propietario. Después, los prestamistas deben esperar un tiempo determinado antes de subastar la propiedad.

Ejecuciones Hipotecarias Estrictas

La ejecución estricta de la hipoteca sólo está disponible en unos pocos estados como Connecticut, New Hampshire y Vermont. Si un acreedor hipotecario gana un caso judicial, el tribunal ordena al deudor hipotecario moroso que pague la hipoteca en un plazo determinado. Si el deudor hipotecario no lo hace, el titular de la hipoteca obtiene el título de la propiedad sin obligación de venderla. Este tipo de ejecución hipotecaria generalmente sólo está disponible cuando el valor de la propiedad es menor que la deuda.

Resumen de la Ejecución de la Hipoteca

Visión General del Inversionista en Bienes Raíces

Costo Inicial: $10,000 - $50,000

Ganancias Potenciales: $25,000 - Ilimitado

Costos Típicos: Sin anticipo hasta ilimitado

Publicidad: Publicaciones de Bienes Raíces. Agentes de bienes raíces. Medios de comunicación social.

Cualificaciones: Conocimiento del mercado inmobiliario. Acceso al capital. Conocimiento de mantenimiento.

Equipo Necesario: Teléfono móvil. Computadora. Acceso a Internet. Herramientas de reparación para el hogar.

Resumen de la Ejecución de la Hipoteca

Potencial de Negocios en el Hogar: Si

Personal Requerido: Si & No.

Costos Ocultos: Tasaciones, intereses, gastos financieros, costos de desalojo, caídas en el mercado inmobiliario.

Ahora vamos a ver más de cerca cada uno de estos requisitos de los inversionistas inmobiliarios.

Costos Iniciales

Recientemente compré una casa de 5 dormitorios con más de medio acre de patio trasero por menos de 7.000 dólares en un banco. Así que puede empezar su negocio literalmente con 1 o 2 tarjetas de crédito si no tiene nada de dinero.

En otro capítulo de este libro se le mostrará cómo encontrar bienes raíces con un gran descuento de manera constante. Mucha gente simplemente no cree que pueda comprar una propiedad por el precio de un automóvil. Han sido programados culturalmente para empezar con un apartamento, y luego ir a un agente de bienes raíces para comprar una casa. Esa es una de las razones por las que hay tantas casas de bajo costo disponibles. Una recesión y la economía en general es otra. Cualquiera que sea la razón, hay grandes ofertas en casi todas partes.

Resumen de la Ejecución de la Hipoteca

Ganancias Potenciales

He ganado decenas de miles de dólares volteando propiedades y alquilando propiedades por cientos de dólares de flujo de efectivo positivo mensual. Ambos tienen sus ventajas. De cualquier manera sus ganancias potenciales son ilimitadas. Lo más importante es entender el costo total.

El costo total es la cantidad total de dinero gastado para establecer una posición de inversión. El costo total incluye las comisiones, los intereses acumulados y los impuestos, además del monto principal de los valores negociados. Anticipe todos los costos, **antes** de invertir en una propiedad.

Publicidad

Las revistas de bienes raíces y los anuncios clasificados en línea como craigslist son un gran lugar para anunciar una casa en venta o en alquiler. Sin embargo, los medios sociales se han vuelto cada vez más relevantes en el negocio de la inversión inmobiliaria. Hay todo tipo de sitios web de medios sociales. Pinterest, Facebook, Instagram y Twitter por nombrar algunos. Sin embargo, para la inversión inmobiliaria creo que no hay sustituto para YouTube. Desde la comodidad de su casa, una persona puede dar un paseo completo por su propiedad. YouTube es gratis y realmente fácil de empezar.

Resumen de la Ejecución de la Hipoteca

Cualificaciones: Conocimiento del Mercado

La máquina de un hombre se rompió. Pasó horas y luego días tratando de arreglarla. Finalmente llamó a un reparador profesional. En sólo unos segundos, el reparador sacó un martillo, golpeó la máquina y se arregló. Al hombre se le entregó un billete de 100 dólares. El hombre dijo: "No le pagaré 100 dólares sólo por golpear el martillo". El reparador respondió: "No me pagará 100 dólares por golpear mi martillo". Me pagas 100 dólares por saber dónde y cómo usar mi martillo".

El éxito en la inversión inmobiliaria no es complicado. Compre bajo. Vender más alto. Sólo tiene que saber qué es bajo y cómo encontrarlo. No hay sustituto para la paciencia y la investigación. Cuando compré esa casa en el banco por 7.000 dólares, había estado en línea 3 horas al día durante meses, viendo propiedades de múltiples sitios web de bienes raíces.

Ver tantas casas, me dio un conocimiento magistral del mercado, para poder determinar fácilmente lo que está bajo y lo que está alto en el mercado. También me dio una idea de cuánto tiempo tardaban las propiedades en venderse y por cuánto. Cada mercado es diferente. No tomes la palabra de un agente inmobiliario para las cosas. Haz que su palabra sea parte de la determinación del mercado para usted.

Resumen de la Ejecución de la Hipoteca

Equipo Necesario

Hoy en día se necesita un teléfono móvil, un ordenador y una buena conexión a Internet para ser un inversionista inmobiliario eficaz. Cuando está empezando, también puede ayudar si tiene la capacidad de hacer algunas reparaciones de la propiedad por ti mismo.

Lugares como Home Depot y Lowes ofrecen clases gratuitas sobre muchas reparaciones típicas de casas. Si va a hacer las reparaciones usted mismo, entonces también tendrá que añadir herramientas de reparación de la casa, como una sierra circular, un martillo, llaves y taladros, a la lista de "equipo necesario".

Personal Requerido

¿Necesitas un bastón? Sí y no. No, porque no tiene que tener gente en nómina. Sí, porque vas a necesitar ayuda para llevar este negocio de forma efectiva.

Su equipo debe incluir, pero no se limita a, un abogado de bienes raíces, varios agentes de bienes raíces de calidad, por lo menos 2 manitas, y un oficial de préstamos bancarios o un prestamista privado.

Resumen de la Ejecución de la Hipoteca

Costos Ocultos

Honorarios de abogados, tasaciones, intereses, gastos financieros, costos de desalojo, caídas en el mercado inmobiliario. Son sólo algunos de los costos ocultos en la inversión inmobiliaria.

Cuando contrate un abogado, asegúrese de encontrar uno que se especialice en inversiones inmobiliarias. Uno que conozca los contratos por dentro y por fuera. Hacer esta inversión de calidad ayudará a reducir el costo de la mayoría de los otros costos ocultos.

CAPÍTULO 4

FINANCIACIÓN DE BIENES INMUEBLES ¡4.000 fuentes!

8 formas realistas de financiar la propiedad inmobiliaria

FINANCIAMIENTO DE BIENES RAÍCES

Bienvenido a Financiación experta. Voy a mostrarles varias formas realistas de financiar bienes raíces. Vas a aprender cómo financiar los bienes raíces con.

* PRÉSTAMOS VA

* ASOCIADOS

* CLUBS DE INVERSIÓN

* TARJETAS DE CRÉDITO

* CRÉDITO CORPORATIVO

* CAPITAL

* FINANCIAMIENTO DEL VENDEDOR

* PRESTAMISTAS DE DINERO

* ¡¡Y FINALMENTE TE MUESTRO EL DINERO$!!

UTILIZAR UN PRÉSTAMO VA

¡De acuerdo con los sitios web www.benefits.va.gov y www.military.com la cantidad actual del préstamo de la VA es de 417.000 dólares! Lo que muchos veteranos no saben es que puede usar ese dinero para comprar no sólo su casa, sino también propiedades de inversión. Así es como empecé mi carrera de inversionista. Comprando múltiples casas usando mi Préstamo VA.

FINANCIAMIENTO DE BIENES RAÍCES

Aunque no sea un veterano, puede asociarse con uno, que aún tiene algo de dinero en su préstamo a la VA.

Si usted es un veterano, tendrá que obtener una copia de su DD 214 y el formulario de VA 26-1880 Solicitud de un Certificado de Elegibilidad.

ASOCIADOS

Esta es otra forma en que compré una casa. En ese momento trabajé para el Servicio Postal de los Estados Unidos. Ya había comprado muchas casas, así que muchos de los trabajadores sabían que había invertido con éxito en bienes raíces. En el tiempo de descanso iba por ahí y le pedía a la gente que se asociara conmigo. Múltiples personas se ofrecieron para asociarse. Elegí una y esa casa que rehabilitamos y cambiamos sólo dos meses después de comprarla. Hasta el día de hoy fue la mayor ganancia bruta en un solo trato que he tenido. Cierto que tuve que dividirlo con mi socio, pero prefiero tener la mitad de algo que todo de nada.

Tener los recursos combinados de dos personas puede ser un gran beneficio, pero no está exento de desafíos. Si va a apoyarse de un compañero, no importa lo cercanos que sean... TENGA TODO POR ESCRITO.

FINANCIAMIENTO BIENES RAÍCES

Tener una pareja puede aumentar drásticamente la posibilidad de que un banco preste dinero, así como tener a alguien que se reparta el trabajo de remodelación, si decide ahorrar dinero y hacer las reparaciones usted mismo. Pero todo esto debe ser explicado ANTES de entrar en un acuerdo/contrato y comprar una casa.

Ayuda si la persona tiene la misma mentalidad y entiende los riesgos y beneficios de la inversión, y entiende realmente el retorno de la inversión de un acuerdo en particular.

CLUBES DE INVERSIÓN INMOBILIARIA

Los clubes de inversión inmobiliaria son grupos que se reúnen localmente y permiten a los inversionistas y otros profesionales establecer redes y aprender. Pueden proporcionar información extremadamente útil tanto para el inversionista inmobiliario novato como para el experto. Un club de inversión inmobiliaria de primer nivel puede proporcionar un gran foro para establecer contactos, aprender sobre contratistas, corredores, agentes inmobiliarios, abogados, contadores y otros profesionales de renombre. Por otro lado, hay muchos clubes de bienes raíces diseñados para venderte. Traen "gurús" que venden ya sea en el escenario o en la parte posterior de la sala, y como resultado, los clubes suelen obtener beneficios de un 50% del precio de venta del producto, el campamento de entrenamiento o el entrenamiento que se realiza.

FINANCIAMIENTO BIENES RAÍCES

He comprado una tonelada de libros y cursos de bienes raíces. Carlton Sheets, Dave Del Dotto, The Mylands, cursos de seminarios y mucho más. No estoy en contra de que ningún club traiga a un orador que tenga un curso. Sin embargo, creo que debe haber transparencia para los miembros del club.

Ciertamente hay un valor en el trabajo en red que puede venir en uno de estos grupos. Pero asiste a trabajar para alcanzar tus objetivos y no necesariamente el objetivo del club de venderte algo. Algunas veces ambos son la misma cosa. Como regla general, dejo las tarjetas de débito en casa la primera vez que asisto a un evento. Si hay un vendedor allí con una "oferta de este día solamente" entonces no me sentiré presionado a comprar. Además, la mayoría de los vendedores pueden ser convencidos de vender al precio de oferta de descuento en un momento posterior cuando se ha tenido la oportunidad de bajar el "sentido de urgencia emocional".

FINANCIAMIENTO BIENES RAÍCES

TARJETAS DE CRÉDITO

Cuando se utiliza una tarjeta de crédito en el sector inmobiliario, hay que hacer los deberes dla venta. Dan Kennedy, un vendedor mundialmente famoso, dijo una vez "siempre apila los números a su favor". Así es como se usa una tarjeta de crédito. Mira el retorno de la inversión comparado con el costo a largo plazo de usar una tarjeta de crédito y su interés. También recomendaría la compre de casas de bajo costo que se pueden comprar y tener gratis y claro.

¡¡No hay pago de hipoteca!! Mis últimas dos casas que he comprado han sido tratos en efectivo. Una casa costó $1,500 y la otra alrededor de $7,000. La primera era una propiedad del gobierno de HUD y la segunda de un banco. Estas instituciones no se preocupan por los bienes raíces y simplemente ven una propiedad como un activo sin rendimiento. La 2da casa tenía 4 dormitorios, 1 1/2 baños y un sótano localizado en una comunidad agrícola y venía con un garaje/cobertizo para 2 autos y .6 acres (que es el tamaño de un campo de fútbol de la NFL) de tierra.

En este libro les muestro cómo encontrar muchas casas con precios sorprendentes por debajo de los precios de venta al por mayor y una fórmula para casi siempre encontrar una gran cantidad.

FINANCIAMIENTO BIENES RAÍCES

CRÉDITO CORPORATIVO

Muchas personas crean sociedades para comprar y vender bienes inmuebles como una protección adicional contra las responsabilidades. Otros crean una corporación para enmascarar la participación personal en transferencias de propiedad y registros públicos. Independientemente del uso de una corporación, usted puede comprar bienes raíces con crédito corporativo como una alternativa al uso de su propio dinero en efectivo o IRA. Al capitalizar la calificación crediticia de su corporación, puede comprar bienes raíces y construir su cartera de holdings corporativos.

Sólo recuerde que puede establecer su corporación en el estado que más le favorezca para sus negocios de bienes raíces. Haga su investigación. A la mayoría de la gente le gusta Delaware y Nevada, pero tendrá que decidir si su estado de residencia o cualquier otro estado es el mejor para usted y su negocio.

CAPITAL ACTUAL

Usar el capital de su casa para inversiones inmobiliarias es otra forma de financiar propiedades. Puede usar el dinero para un pago inicial o puede que sólo sea suficiente para cubrir el costo de algunas reparaciones de remodelación.

FINANCIAMIENTO BIENES RAÍCES

Si se atiene a la fórmula de la casa de bajo costo, puede tener suficiente para comprar toda la casa. Una casa es una inversión que debe apreciarse en valor así como dar un gran ROI (Retorno de la Inversión). Cuando usted decida voltear la propiedad o alquilarla para obtener un flujo de caja positivo.

Si tiene capital y no está haciendo nada, entonces puede decidir convertirla en un "activo de rendimiento" y utilizarla como parte de su programa de financiación de bienes raíces.

FINANCIAMIENTO DEL VENDEDOR

La financiación del vendedor es donde el vendedor de una propiedad libre y clara se convierte en su banco junto con ser el vendedor.

Ventajas:

Usted puede comprar la propiedad en términos que pueden ser más beneficiosos para usted. El vendedor recibe pagos mensuales y el beneficio de tratar la venta como una venta a plazos, lo que le permite diferir los impuestos sobre las ganancias de capital que puedan estar pendientes.

FINANCIAMIENTO BIENES RAÍCES

Desventajas:

Usted puede estar encerrado en una hipoteca con una multa por pago anticipado o puede no ser capaz de revender la propiedad inmediatamente. Esta estrategia no suele estar pensada para el flipping, pero definitivamente puede utilizarse para ese fin si se estructura correctamente.

La financiación del vendedor es una forma conocida de financiar una propiedad. Es por eso que lo he presentado en este libro. Pero es mi menos favorito porque ahora tiene una relación duradera con su propiedad. Su capacidad para tomar decisiones con respecto a la propiedad es limitada y por esa razón, yo no iría por este camino. Sin embargo, como todos los tipos de financiación, tiene que preguntarte, "¿merece la pena la venta?"

También prefiero trabajar solo, pero cuando se presentó una gran cantidad, busqué un socio para hacerlo. El riesgo suele ser relativo al beneficio potencial.

FINANCIAMIENTO BIENES RAÍCES

PRESTAMISTAS DE DINERO DURO

Un prestamista de dinero duro suele ser un individuo o una empresa que presta dinero para una inversión asegurada por la propiedad de inversión.

Ventajas:

Menos burocracia para conseguir el dinero. Usted está tratando con personas que entienden el negocio de inversión de bienes raíces.

Desventaja:

No es un préstamo a largo plazo. El prestamista quiere un retorno de la inversión, generalmente dentro de unos pocos meses, un año o unos pocos años. La tasa de interés del préstamo es mucho más alta que la de los bancos convencionales.

El uso de dinero duro tiene un mayor riesgo porque el retorno de la inversión se vence más rápido. Por lo tanto, es una buena idea no utilizar un prestamista de dinero duro, hasta que tenga una gran experiencia y confianza en ser capaz de producir un retorno de la inversión.

FINANCIAMIENTO BIENES RAÍCES

MOSTRÁNDOLE EL DINERO

Una lista de sitios web para la financiación.

www.businessfinance.com
(¡4,000 fuentes de dinero!)

www.advanceamericaproperty.com

http://www.cashadvanceloan.com/

www.brookviewfinancial.com

www.commercialfundingcorp.com

www.dhlc.com
(dinero duro en el área de Texas)

www.equity-funding.com

www.bankofamerica.com

www.carolinahardmoney.com
(para los inversionistas inmobiliarios en Carolina del Norte y del Sur)

www.fpfloans.com

FINANCIAMIENTO BIENES RAÍCES

Como puede ver, hay muchas estrategias para financiar una propiedad. Investigue su propiedad de inversión y obtenga el verdadero valor de mercado. Compre muy por debajo de la venta al por mayor. Esto ayudará a minimizar el riesgo y a elevar sus potenciales márgenes de beneficio. Comprar por debajo de la venta al por mayor también crea un amortiguador para gastos inesperados.

Así que no deje que la falta de dinero sea un obstáculo en sus sueños de inversión inmobiliaria.

Capítulo 5

Condados de flujo de caja de Texas al por mayor

¡Propiedad!

¡Propiedades al por Mayor en Condados con Flujo de Efectivo en Texas!

El Internet ha hecho posible que su negocio de inversión en bienes raíces crezca rápida y fácilmente. Ahora puede ver cientos de propiedades en línea sin tener que abandonar su hogar.

En este capítulo, le daré una tonelada de sitios web y las direcciones a fuentes mayoristas del gobierno, para ayudarle a cubrir las minas de oro en bienes raíces de este estado. He seleccionado algunos de los condados más grandes con la mayor oferta de bienes inmuebles al por mayor.

En general, debe mirar 100 casas por cada 1 propiedad que compre. Para comparar factores como el valor de la vivienda, el potencial de alquiler, el costo de reparación, los impuestos locales, las posibles tarifas del propietario de la vivienda, los servicios públicos, etc.

Si bien no hay sustituto para inspeccionar una casa en persona, tener acceso a miles de casas en Internet puede ayudarle a reducir el campo a ofertas espectaculares. ¡Aproveche este conocimiento para ayudarlo a asegurar el éxito de su inversión inmobiliaria!

¡Propiedades al por Mayor en Condados con Flujo de Efectivo en Texas!

Localice Propiedades en Todo el Estado de Texas

MLS.com

http://www.mls.com/search/Texas.mvc

Ejecuciones hipotecarias de bienes raíces en Texas con enlaces a diferentes ciudades en la página de inicio.

REALTOR.com

http://www.realtor.com/foreclosures/Texas

Enlaces a propiedades inmobiliarias de Texas por condado y ciudad.

Principales Condados de Texas

Los sitios web anteriores le dan acceso a una amplia selección de propiedades en todos los condados de Texas.

A continuación, lo reduzco a un puñado de los principales condados en función del tamaño de la población, el aumento del valor de las propiedades, el potencial de ganancias de alquiler y la abundancia de propiedades al por mayor disponibles.

¡Propiedades al por Mayor en Condados con Flujo de Efectivo en Texas!

1. Condado de Harris

El Condado de Harris tiene una población de 4,092,459 y tiene 1,729 millas cuadradas.

Dirección de información de la propiedad fiscal:

Oficina de impuestos del condado de Harris
1001 Preston St., Houston, TX 77002
Teléfono: (713) 274-8000

Preguntas y respuestas de impuestos sobre la venta:

http://taxsales.lgbs.com/faqs?state=texas

Dirección web de ejecuciones hipotecarias:

https://urlzs.com/JAD4p

Sitio web de impuestos sobre la venta:

https://www.hctax.net/Property/TaxSales/TaxSales

¡Propiedades al por Mayor en Condados con Flujo de Efectivo en Texas!

2. Condado de Dallas

El condado de Dallas tiene una población de 2,368,139 y tiene 880 millas cuadradas.

Información de la Dirección de la propiedad fiscal:

Oficina de Impuestos de la Ciudad de Garland
217 North Fifth St., Garland, TX 75040
Teléfono (972)205-2410 Fax (972)205-3834

Dirección web de ejecuciones hipotecarias:

https://urlzs.com/BjCNQ

Sitio web de impuestos sobre la venta:

https://www.pbfcm.com/taxresale.html

¡Propiedades al por Mayor en Condados con Flujo de Efectivo en Texas!

3. Condado de Tarrant

El condado de Tarrant tiene una población de 1,809,537 y tiene 864 millas cuadradas.

Información de la Dirección de la propiedad fiscal:

Asesor y recaudador de impuestos del condado de Tarrant
100 East Weatherford St., Fort Worth, TX 76196
Teléfono (817)884-1100

Dirección web de ejecuciones hipotecarias:

https://urlzs.com/8feiP

Sitio web de impuestos sobre la venta:

https://urlzs.com/McQwg

¡Propiedades al por Mayor en Condados con Flujo de Efectivo en Texas!

4. Condado de Bexar

El condado de Bexar tiene una población de 1,714,773 y tiene 1,247 millas cuadradas.

Información de la Dirección de la propiedad fiscal:

Asesor y recaudador de impuestos del condado de Bexar
Vista Verde Plaza Building
233 North Pecos La Trinidad, San Antonio, TX 78207
Teléfono (210)335-2251

Dirección web de ejecuciones hipotecarias:

https://maps.bexar.org/foreclosures/

Sitio web de impuestos sobre la venta:

https://www.pbfcm.com/taxresale.html

¡Propiedades al por Mayor en Condados con Flujo de Efectivo en Texas!

5. Condado de Travis

El condado de Travis tiene una población de 1,024,266 y tiene 989 millas cuadradas.

Información de la Dirección de la propiedad fiscal:

Asesor y recaudador de impuestos del condado de Travis
5501 Airport Blvd., Austin, TX 78751
Phone (512)854-9473 Fax (512)854-9056

Dirección web de ejecuciones hipotecarias:

https://tax-office.traviscountytx.gov/foreclosure

Sitio web de impuestos sobre la venta:

https://tax-office.traviscountytx.gov/foreclosure

¡Propiedades al por Mayor en Condados con Flujo de Efectivo en Texas!

6. Condado de El Paso

El Condado de El Paso tiene una población de 782,341 y tiene 848 millas cuadradas.

Información de la Dirección de la propiedad fiscal:

Asesor y recaudador de impuestos del condado de El Paso
301 Manny Martinez Dr., El Paso, TX 79905
Teléfono (915) 771-2300 Fax (915) 771-2301

Dirección web de ejecuciones hipotecarias:

http://epcounty.com/sheriff/cp_saleinfo.htm

Sitio web de impuestos sobre la venta:

https://www.pbfcm.com/taxresale.html

¡Propiedades al por Mayor en Condados con Flujo de Efectivo en Texas!

7. Condado de Hidalgo

El Condado de Hidalgo tiene una población de 774,769 y tiene 1,569 millas cuadradas.

Información de la Dirección de la propiedad fiscal:

Asesor y recaudador de impuestos del condado de Hidalgo
Edificio de la Administración del Condado de Hidalgo
2804 S US Hwy 281, Edinburg, TX 78539
Teléfono (956)318-2157

Dirección web de ejecuciones hipotecarias:

https://urlzs.com/akp3N

Sitio web de impuestos sobre la venta:

https://www.pbfcm.com/taxresale.html

Capítulo 6

Texas Inversiones inmobiliarias City Goldmines

Inversiones Inmobiliarias
Ciudades Mina de Oro

1. Houston

La ciudad de Houston tiene una población de 2,267,336 para apoyar su negocio de inversión inmobiliaria.

El valor promedio de una vivienda en Houston es de $186,000. Houston es una ciudad mina de oro en bienes raíces porque recientemente el valor de las viviendas ha aumentado un 5,4 por ciento y se espera que aumente al menos otro 1,9 por ciento.

Las casas actualmente enlistadas en Houston tienen un precio promedio de aproximadamente $300,000.

El precio medio de alquiler en Houston es de aproximadamente $1,525. Esto ocupa el puesto número 5 entre las ciudades mina de oro de Texas.

Señal de advertencia de ejecución hipotecaria

Las hipotecas morosas en Houston son del 1.2 por ciento. *El rango potencial de ejecución hipotecaria ocupa el número 6 entre las ciudades mineras de oro de Texas.*

Inversiones Inmobiliarias
Ciudades Mina de Oro

2. San Antonio

La ciudad de San Antonio tiene una población de 1,461,623 para apoyar su negocio de inversión inmobiliaria.

El valor promedio de una vivienda en San Antonio es de $176,100. San Antonio es una ciudad mina de oro en bienes raíces porque recientemente el valor de las viviendas ha subido un 5,9 por ciento y se espera que aumente al menos otro 2,4 por ciento.

Las casas enlistadas actualmente en San Antonio tienen un precio promedio de aproximadamente $245,000.

El precio medio de alquiler en San Antonio es de aproximadamente $1,299. Esto ocupa el puesto número 6 entre las ciudades mina de oro de Texas.

Señal de advertencia de ejecución hipotecaria

Las hipotecas morosas en San Antonio son de 1.6 por ciento. *El rango potencial de ejecución hipotecaria ocupa el número 1 entre las ciudades minas de oro de Texas.*

Inversiones Inmobiliarias
Ciudades Mina de Oro

3. Dallas

La ciudad de Dallas tiene una población de 1.300.122 para apoyar su negocio de inversión inmobiliaria.

El valor promedio de una vivienda en Dallas es de $214,000. Dallas es una ciudad mina de oro en bienes raíces porque recientemente el valor de las viviendas ha subido un 14,2 por ciento y se espera que aumente al menos otro 7,5 por ciento.

Las casas actualmente enlistadas en Dallas tienen un precio promedio de aproximadamente $399,900.

El precio medio de alquiler en Dallas es de aproximadamente $1,705. Esto ocupa el puesto número 1 entre las ciudades mina de oro de Texas.

Señal de advertencia de ejecución hipotecaria

Las hipotecas en mora en Dallas son del 1.3 por ciento. El rango potencial de ejecución hipotecaria ocupa el número 5 entre las ciudades minas de oro de Texas.

Inversiones Inmobiliarias
Ciudades Mina de Oro

4. Austin

La ciudad de Austin tiene una población de 916,906 para apoyar su negocio de inversión inmobiliaria.

El valor promedio de una vivienda en Austin es de $368,600. Austin es una ciudad mina de oro en bienes raíces porque recientemente el valor de las viviendas ha aumentado un 6.5 por ciento y se espera que aumente al menos otro 3.4 por ciento.

Las casas enlistadas actualmente en Austin tienen un precio promedio de aproximadamente $400,000.

El precio medio de alquiler en Austin es de aproximadamente $1,700. Esto ocupa el segundo lugar entre las ciudades mina de oro de Texas.

Señal de advertencia de ejecución hipotecaria

Las hipotecas morosas en Austin son de .4 por ciento. *El rango potencial de ejecución hipotecaria ocupa el número 7 entre las ciudades minas de oro de Texas.*

Inversiones Inmobiliarias
Ciudades Mina de Oro

5. Fort Worth

La ciudad de Fort Worth tiene una población de 835,129 para apoyar su negocio de inversión inmobiliaria.

El valor promedio de una vivienda en Fort Worth es de $197,400. Fort Worth es una ciudad mina de oro en bienes raíces porque recientemente el valor de las viviendas ha aumentado un 8,5 por ciento y se espera que aumente al menos otro 4,3 por ciento.

Las casas actualmente enlistadas en Fort Worth tienen un precio promedio de aproximadamente $262,990.

El precio medio de alquiler en Fort Worth es de aproximadamente $1,625. Esto ocupa el puesto 3 entre las ciudades mina de oro de Texas.

Señal de advertencia de ejecución hipotecaria

Las hipotecas morosas en Fort Worth son del 1.5 por ciento. El rango potencial de ejecución hipotecaria ocupa el puesto 3 entre las ciudades minas de oro de Texas.

6. El Paso

La ciudad de El Paso tiene una población de 678,266 para apoyar su negocio de inversión inmobiliaria.

El valor promedio de una vivienda en El Paso es de $128,800. El Paso es una ciudad mina de oro en bienes raíces porque recientemente el valor de las viviendas ha aumentado un 5.0 por ciento.

Las casas que enlistadas actualmente en El Paso tienen un precio promedio de aproximadamente $184,950.

El precio medio de alquiler en El Paso es de aproximadamente $1,150. Esto ocupa el puesto número 7 entre las ciudades mina de oro de Texas.

Señal de advertencia de ejecución hipotecaria

Las hipotecas atrasadas en El Paso son 1.6 por ciento. El rango potencial de ejecución hipotecaria ocupa el número 1 entre las ciudades minas de oro de Texas.

Inversiones Inmobiliarias
Ciudades Mina de Oro

7. Arlington

La ciudad de Arlington tiene una población de 388,225 para apoyar su negocio de inversión inmobiliaria.

El valor promedio de una vivienda en Arlington es de $207,900. Arlington es una ciudad mina de oro en bienes raíces porque recientemente el valor de las viviendas ha aumentado un 8,3 por ciento y se espera que aumente al menos otro 4,0 por ciento.

Las casas actualmente enlistadas en Arlington tienen un precio promedio de aproximadamente $249,950.

El precio medio de alquiler en Arlington es de aproximadamente $1,600. Esto ocupa el puesto número 4 entre las minas de oro de Texas.

Señal de advertencia de ejecución hipotecaria

Las hipotecas atrasadas en Arlington son del 1.4 por ciento. *El rango potencial de ejecución hipotecaria ocupa el número 4 entre las ciudades de minas de oro de Texas.*

CAPÍTULO 7

Fórmula de Lanzamiento de Negocios con Costo cero

MARKETING DE CERO COSTO

Mientras que hay muchas formas de comercializar, sólo nos vamos a centrar en el MERCADO DE COSTO CERO. Estáis empezando. Siempre puede ir por las formas más caras de comercialización después de que su negocio esté produciendo ingresos.

ALOJAMIENTO WEB GRATUITO

Consigue un sitio web gratis. Puede conseguir un sitio web gratuito en weebly.com o wix.com. O simplemente escribe "alojamiento web gratuito" en un buscador de Google, Bing o Yahoo.

El alojamiento web gratuito es algo que puede usar por varias razones. Sin embargo, muchos sitios de alojamiento web gratuito añaden una extensión al nombre de su dirección web que permite a todo el mundo saber que está utilizando sus servicios. Por esta razón, eventualmente querrás aumentar la escala una vez que empieces a obtener ingresos.

ALOJAMIENTO WEB DE BAJO COSTO PAGADO

Gratis está bien, pero cuando necesite expandir su negocio es mejor ir con un servicio de alojamiento web de pago. Hay varios que le dan un buen valor por menos de 10 dólares al mes.

1. Pequeña empresa de Yahoo

2. Intuit.com

3. ipage.com

4. Hostgator.com

5. Godaddy.com

La pequeña empresa de Yahoo permite páginas web ilimitadas y es probablemente el mejor valor general, pero requieren un pago por adelantado de un año. Intuit permite pagos mensuales.

Para el comercio electrónico gratuito en su sitio web, abra una cuenta de Paypal y obtenga el código HTML para los botones de pago de forma gratuita. Luego ponga esos botones en su sitio web.

Instrucciones básicas paso a paso para el tráfico del sitio web de costo cero

Paso 1 marketing de costo cero en internet

Ahora que su sitio web está en marcha, debería registrarlo en al menos los 3 principales motores de búsqueda. 1. Google 2. Bing 3. Yahoo.

Paso 2 marketing de costo cero en internet

Escriba y envíe un **comunicado de prensa**. Busque en Google "sitios de comunicados de prensa gratuitos" los sitios de comunicados de prensa que te permitirán publicar comunicados de prensa de forma gratuita. ¡¡Si no sabe cómo escribir un comunicado de prensa vaya a www.fiverr.com y subcontratar el trabajo por sólo $5.00!!

Paso 3 marketing de costo cero en internet

Escriba y envíe artículos a sitios web de marketing de artículos como **ezinearticles.com.**

Paso 4 marketing de costo cero en internet

Cree y envíe vídeos a sitios para compartir vídeos como dailymotion.com o **youtube.com.** Asegúrese de incluir un hipervínculo a su sitio web en la descripción de tus videos.

Paso 5 marketing de costo cero en internet

Envíe su sitio web a **dmoz.org**. Este es un enorme directorio abierto al que muchos pequeños buscadores van para conseguir sitios web para su base de datos.

MERCADOTECNIA DE COSTO CERO

En una entrevista con el multimillonario Tom Bilyeu Rahel Hollis, el autor de "Girl wash your face" , dijo que todo lo que le enseñó a construir su imperio multimillonario, lo aprendió viendo videos gratis en YouTube.

Puede empezar un negocio exitoso sin gastar mucho dinero. ¡Sólo tiene que obtener el conocimiento adecuado y estar dispuesto a hacer "lo que sea necesario" para tener éxito!

CAPÍTULO 8

Seguro Empresarial

SEGURO EMPRESARIAL

Consulte a un abogado para todos sus asuntos de negocios.

A principios de los 90, una anciana compró una taza de café caliente en la ventanilla de un McDonald's en Albuquerque. Derramó el café y sufrió quemaduras de tercer grado. Demandó a Mcdonald's y ganó. Ganó 2,7 millones de dólares en una victoria por daños punitivos. El veredicto fue apelado y el acuerdo se estima en algún lugar del vecindario en 500.000 dólares. Todo porque derramó el café en su regazo, mientras intentaba añadir azúcar y crema.

Dos hombres en Ohio se quemaron gravemente cuando se encendió un contenedor de tres galones y medio de adhesivo para alfombras, cuando se encendió el calentador de agua que estaba junto a él. Sintieron que la etiqueta de advertencia en la parte posterior del envase era insuficiente. Así que presentaron una demanda contra los fabricantes de adhesivos y se les concedió nueve millones de dólares.

Una mujer en Oklahoma, compró una Winnebago nueva. Mientras la conducía a casa, puso el control de crucero a 70 millas por hora. Luego dejó el asiento del conductor para hacer un café o un sándwich en la parte trasera de la casa rodante.

SEGURO EMPRESARIAL

El vehículo se estrelló y la mujer demandó a Winnebago por no avisarle, que el control de crucero no conduce y dirige el vehículo. Ella ganó 1.7 millones de dólares y la compañía tuvo que reescribir su manual de instrucciones.

Desafortunadamente, las tres escandalosas demandas son reales. Si vas a dirigir un negocio, cualquier negocio, debería considerar protegerte con un seguro de responsabilidad profesional, también conocido como seguro de errores y omisiones (E & 0).

Este tipo de seguro puede ayudarle a protegerse de tener que pagar el costo total de la defensa contra una demanda por negligencia.

Errores y Omisiones puede protegerle contra reclamaciones que no suelen estar cubiertas en el seguro de responsabilidad civil normal. Estas pólizas suelen cubrir daños corporales o daños a la propiedad. Error y Omisiones puede protegerlo contra la negligencia, y otras angustias mentales como el asesoramiento inexacto, o la tergiversación. El procesamiento penal no está cubierto.

El seguro de Errores y Omisiones es recomendado para notarios públicos, corredores de bienes raíces o inversionistas y profesionales como: ingenieros de software, abogados, inspectores de vivienda, desarrolladores de sitios web y arquitectos paisajistas, por nombrar algunas profesiones.

SEGURO EMPRESARIAL

Las reclamaciones por errores y omisiones más comunes:

%25 Incumplimiento del deber fiduciario

%15 incumplimiento de contrato

%14 Negligencia

%13 Fallo en la supervisión

%11 Inadecuado

%10 Otros

SEGURO EMPRESARIAL

Lo que debería saber o exigir antes de comprar una política de Errores y Omisiones es...

* ¿Cuál es el límite de responsabilidad

* ¿Qué es el deducible

* ¿Incluye la Defensa del Primer Dólar del FDD - que obliga a la compañía de seguros a luchar un caso sin un deducible primero?

* ¿Tengo cobertura Tail-end o Extended Reporting Coverage (seguro que dura hasta la jubilación)

* Cobertura extendida para los empleados

* Cobertura de Responsabilidad Civil Cibernética

* Cobertura fiduciaria del Departamento de Trabajo

* Cobertura de insolvencia

Si obtiene el seguro de Errores y Omisiones, renuévelo el día que expire. Debe tener cuidado para evitar lagunas en su cobertura, o podría resultar en la no renovación de su póliza.

SEGURO EMPRESARIAL

Algunos proveedores de seguros de E & O:

Insureon

Insureon afirma que su póliza de seguro por errores y omisiones cuesta unos 750 dólares al año o unos 65 dólares al mes. El precio, por supuesto, variará de acuerdo con su negocio, la póliza que elija y otros factores de riesgo.

https://www.insureon.com/home

EOforless

EOforless.com ayuda a los profesionales de seguros, inversiones y bienes raíces a comprar seguros de E & O a un costo accesible en cinco minutos o menos.

https://www.eoforless.com/

SEGURO EMPRESARIAL

CalSurance Associates

Como corredor de seguros líder, CalSurance Associates, una división de Brown & Brown Program Insurance Services, Inc. tiene más de cincuenta años de experiencia en la entrega de productos de seguros integrales, servicio excepcional y resultados comprobados a más de 150.000 asegurados. Ellos proveen profesionales a nivel nacional y a través de múltiples industrias, incluyendo algunas de las más grandes firmas financieras y compañías de seguros en los Estados Unidos.

http://www.calsurance.com/csweb/index.aspx

Más Vale Prevenir que Lamentar

El seguro es uno de los costos ocultos de hacer negocios. Estas son sólo unas pocas empresas y una breve reseña sobre el tema de SEGURO EMPRESARIAL. Asegúrese de hablar con un abogado o un agente de seguros codificado antes de tomar cualquier decisión sobre el seguro. Proteja a usted y a su negocio. Muchos estados no requieren seguros de E & O. Pero cuando vea el costo de algunos de los acuerdos, es mejor estar seguro que arrepentirse.

CAPÍTULO 9

Comenzar con los Negocios

Paso a Paso

Comenzar con los Negocios

Hay más de treinta millones de negocios desde el hogar sólo en los Estados Unidos.

Mucha gente sueña con la independencia y la recompensa financiera de tener un negocio en casa. Desafortunadamente, dejan que la parálisis del análisis les impida tomar medidas. Este CAPÍTULO está diseñado para darles una hoja de ruta para empezar. El paso más difícil de cualquier viaje es el primer paso.

Anthony Robbins creó un programa llamado Poder Personal. Estudié el programa hace mucho tiempo, y hoy lo resumiría diciendo que debe encontrar una forma de motivarte para tomar acciones masivas sin miedo al fracaso.

2 Timothy 1:7 King James Version

"Porque no nos ha dado Dios espíritu de cobardía, sino de poder, de amor y de dominio propio."

Comenzar con los Negocios

PASO #1 HAGA UNA OFICINA EN CASA

Si realmente quiere ganar dinero, entonces remodele su cueva de hombre o de mujer y haga lugar para hacer negocios, sin interrupciones.

PASO #2 PRESUPUESTE EL TIEMPO DE SU NEGOCIO

Si ya cuenta con un trabajo, o si tiene hijos, entonces pueden ocupar una gran parte de su tiempo. Sin mencionar los amigos bienintencionados que usan el teléfono para convertirse en "ladrones de tiempo". Calcule el tiempo para su negocio y apéguese a él.

PASO #3 DECIDA EL TIPO DE NEGOCIO

No tiene que ser rígido, pero puede iniciar con el final en el mío. Puede ser más flexible a medida que ganes experiencia.

PASO #4 FORMA LEGAL PARA SU NEGOCIO

Las tres formas jurídicas básicas son la propiedad única, la sociedad colectiva y la corporación. Cada una tiene sus ventajas. Ve a www.Sba.gov y aprenda sobre cada una de ellas y toma una decisión.

PASO #5 ELIJA UN NOMBRE DE EMPRESA Y REGÍSTRELO

Una de las formas más seguras de elegir un nombre de negocios es usando su propio nombre. Usando su propio nombre no tiene que preocuparse por las violaciones de los derechos de copia.

Sin embargo, siempre consulte con un abogado o la autoridad legal apropiada cuando se trate de asuntos legales.

PASO #6 ESCRIBA UN PLAN DE NEGOCIOS

Esto parecería una tontería. No importa lo que esté tratando de lograr, debería tener un plano. Debería tener un plan de negocios. En la NFL se despide a siete entrenadores cada temporada. Así que, en un negocio muy competitivo, un hombre sin experiencia como entrenador fue contratado por las Águilas de Filadelfia de la NFL. Su nombre era Andy Reid. Andy Reid se convertiría más tarde en el entrenador más exitoso en la historia del equipo. Una de las razones por las que el dueño lo contrató, fue porque tenía un plan de negocios del tamaño de una guía telefónica. Tu plan de negocios no tiene que ser tan grande, pero si planea lo máximo posible, es menos probable que se ponga nervioso cuando las cosas no salen según lo planeado.

PASO #7 LICENCIAS & PERMISOS ADECUADOS

Vaya al ayuntamiento y averigüe qué necesita hacer, para empezar un negocio en casa.

PASO #8 PONER UN SITIO WEB, SELECCIONAR TARJETAS DE VISITA, PAPELERÍA, FOLLETOS

Esta es una de las formas más baratas no sólo de iniciar su negocio, sino de promocionarlo y establecer una red de contactos.

PASO #9 ABRIR UNA CUENTA CORRIENTE COMERCIAL

Tener una cuenta de negocios separada hace mucho más fácil llevar un registro de las ganancias y los gastos. Esto será útil, tanto si decide hacer tus propios impuestos como si contratas a un profesional.

PASO #10 ¡HAGA ALGÚN TIPO DE ACCIÓN HOY!

No se trata de un plan integral para iniciar un negocio. Se supone que debe apuntarte en la dirección correcta para empezar. Puede ir a la Administración de Pequeñas Empresas para obtener muchos recursos gratuitos para iniciar su negocio. ¡Incluso tienen un programa (SCORE) que le dará acceso a muchos profesionales jubilados que le asesorarán de forma gratuita! Su sitio web: **www.score.org**

CAPÍTULO 10

DEFINICIONES DE BIENES RAÍCES

Definiciones de Bienes Raíces

Cláusula de Aceleración - Disposición contractual que permite a un prestamista exigir al prestatario el reembolso total o parcial de un préstamo pendiente si no se cumplen ciertos requisitos. Una cláusula de aceleración esboza las razones por las que el prestamista puede exigir el reembolso del préstamo. También se conoce como "pacto de aceleración".

Ingreso Activo - Los ingresos activos son los ingresos por los que se han prestado servicios. Esto incluye sueldos, propinas, salarios, comisiones e ingresos de negocios en los que hay una participación material.

Agente - Uno que está legalmente autorizado para actuar en nombre de otra persona.

Escritura de fideicomiso con todo incluido (AITD) - Una Escritura de Fideicomiso Todo Incluido (AITD) es una nueva escritura de fideicomiso que incluye el saldo adeudado del pagaré existente más nuevos fondos adelantados; también se conoce como una hipoteca envolvente.

Préstamo amortizado - Un préstamo amortizado es un préstamo con pagos periódicos programados que consisten tanto en capital como en intereses. Un pago de préstamo amortizado paga los gastos de intereses correspondientes al período anterior a que se pague y se reduzca el capital.

Definiciones de Bienes Raíces

Evaluador - Un profesional que tiene los conocimientos y la experiencia necesarios para estimar el valor de un bien, o la probabilidad de que ocurra un suceso, y el costo de tal suceso.

Pedir precios - el precio al que se ofrece algo a la venta.

Cesión - Una cesión (del latín cessio) es un término utilizado con significados similares en el derecho de los contratos y en el derecho inmobiliario. En ambos casos, abarca la transferencia de los derechos de una parte -el cedente- a otra parte -el cesionario-.

Regla de riesgo - Leyes fiscales que limitan el monto de las pérdidas que puede reclamar un inversionista (generalmente un socio limitado). Sólo se puede deducir la cantidad realmente en riesgo.

Hipoteca de pago global - una hipoteca en la que una gran parte del capital prestado se reembolsa en un solo pago al final del período de préstamo.

Ganancia de capital - un beneficio de la venta de una propiedad o de una inversión.

Flujo de efectivo - la cantidad total de dinero que se transfiere dentro y fuera de un negocio, especialmente en lo que respecta a la liquidez.

Definiciones de Bienes Raíces

Propiedad - un elemento de propiedad que no sea un bien inmueble.

Co-Aseguramiento - un tipo de seguro en el que el asegurado paga una parte del pago realizado contra una reclamación.

Contrato de Venta - Un contrato de bienes raíces es un contrato entre las partes para la compre y venta, intercambio u otra transferencia de bienes raíces.

Método de Equilibrio Decreciente - El método del saldo decreciente es un sistema común de cálculo de la depreciación que consiste en aplicar la tasa de depreciación al saldo no depreciado.

Depreciación - La depreciación es un método contable para asignar el costo de un activo tangible a lo largo de su vida útil. Las empresas deprecian los activos a largo plazo tanto a efectos fiscales como contables.

Dinero en efectivo - El depósito de garantía es un depósito hecho a un vendedor que muestra la buena fe del comprador en una transacción. Utilizado a menudo en las transacciones de bienes raíces, el depósito de garantía permite al comprador un tiempo adicional cuando busca financiación. El depósito de garantía normalmente se mantiene conjuntamente por el vendedor y el comprador en un fideicomiso o cuenta de depósito en reserva.

Definiciones de Bienes Raíces

Participación en la equidad - La participación en el capital es la propiedad de acciones en una empresa o propiedad. ... Cuanto mayor sea la tasa de participación en el capital, mayor será el porcentaje de acciones que posean los interesados. Permitir que los interesados posean acciones vincula el éxito de los interesados con el de la empresa o la inversión inmobiliaria.

Impedimento - Certificado de impedimento. Un certificado de impedimento es un documento que se utiliza en las negociaciones de hipotecas para establecer hechos y obligaciones financieras, como las cantidades pendientes de pago que pueden afectar a la liquidación de un préstamo. Es requerido por un prestamista de un tercero en una transacción inmobiliaria.

Cuota simple - En la ley inglesa, una tasa simple o una tasa simple absoluta es una propiedad en la tierra, una forma de propiedad absoluta. Es una forma en que los bienes raíces pueden ser poseídos en los países de derecho consuetudinario, y es el interés de propiedad más alto posible que se puede tener en los bienes raíces.

Definiciones de Bienes Raíces

Escritura de Regalo - Quitclaim Deed vs. Gift Deed. Las escrituras de propiedad definen y protegen la propiedad de una casa. En los bienes raíces, las escrituras son documentos legales que transfieren la propiedad de una propiedad de una parte a otra. ... Cada tipo de escritura se utiliza para una situación específica.

Ingresos Bruto - Un término de inversión inmobiliaria, el ingreso bruto de explotación se refiere al resultado de restar las pérdidas de crédito y de vacantes del ingreso bruto potencial de una propiedad. También conocido como: Ingreso bruto efectivo (EGI)

Enfoque de ingresos al valor - El enfoque de los ingresos es un método de valoración de bienes inmuebles que permite a los inversionistas estimar el valor de una propiedad tomando los ingresos de explotación netos del alquiler recaudado y dividiéndolos por la tasa de capitalización.

Interés - Se definen las propiedades y los intereses de propiedad. La ley reconoce diferentes tipos de intereses, llamados herencias, en la propiedad inmobiliaria. El tipo de patrimonio se determina generalmente por el lenguaje de la escritura, el contrato de arrendamiento, el contrato de venta, el testamento, la concesión de tierras, etc., a través del cual se adquirió el patrimonio.

Definiciones de Bienes Raíces

Nota conjunta y múltiple - El pagaré conjunto y solidario es un pagaré que es la nota de todos y cada uno de los fabricantes en cuanto a su obligación legal entre las partes en él.

Opción de alquiler - La opción de arrendamiento (más formalmente "Lease With the Option to Purchase") es un tipo de contrato que se utiliza tanto en el sector inmobiliario residencial como en el comercial. En una opción de arrendamiento, el propietario y el inquilino acuerdan que, al final de un período de alquiler especificado para una propiedad determinada, el inquilino tiene la opción de comprar la propiedad.

Intercambio de tipo Similar – Propiedad de tipo Similar. Cualesquiera dos bienes o propiedades que se consideren del mismo tipo, haciendo un intercambio entre ellos libre de impuestos. Para calificar como similares, dos activos deben ser del mismo tipo (por ejemplo, dos inmuebles residenciales), pero no tienen que ser de la misma calidad.

Definiciones de Bienes Raíces

Préstamo al valor - La relación préstamo-valor o LTV de una propiedad es el porcentaje del valor de la propiedad que está hipotecado. ... La relación préstamo-valor también se utiliza en los bienes raíces comerciales. Ejemplos: 300.000 dólares de valor de tasación de una casa. 240.000 dólares de hipoteca sobre la propiedad. $240,000/$300,000 = .80 u 80% de la relación préstamo-valor

Agente Hipotecario - Un agente hipotecario es un intermediario que trabaja con un prestatario y un prestamista mientras califica al prestatario para una hipoteca. El agente reúne documentación sobre ingresos, bienes y empleo, un informe crediticio y otra información para evaluar la capacidad del prestatario de obtener financiación.

Superficie neta alquilable - Unidad cuadrada real de un edificio que puede ser arrendada o alquilada a los inquilinos, la superficie sobre la que se calculan los pagos de arrendamiento o alquiler. Por lo general, excluye las zonas comunes, los huecos de ascensores, las escaleras y el espacio dedicado a la refrigeración, la calefacción u otros equipos. También se denomina área neta arrendable.

Definiciones de Bienes Raíces

Opción - Una opción de compre de bienes raíces es un contrato sobre una pieza específica de bienes raíces que permite al comprador el derecho exclusivo de comprar la propiedad. Una vez que el comprador tiene la opción de comprar una propiedad, el vendedor no puede venderla a nadie más.

Posesión - Principio del derecho inmobiliario que permite a una persona que posee un terreno ajeno durante un período de ustedempo prolongado reclamar el título legal de ese lerreno.

Multa por pago anticipado - Penalización por pago anticipado. Una penalización por pago anticipado es una cláusula en un contrato de hipoteca que establece que se evaluará una penalización si la hipoteca se paga por adelantado dentro de un determinado período de ustedempo. La penalización se basa en un porcentaje del saldo restante de la hipoteca o en un cierto número de meses de intereses.

Definiciones de Bienes Raíces

Pagaré - En los Estados Unidos, un pagaré hipotecario (también conocido como nota de gravamen de bienes raíces, nota del prestatario) es un pagaré garantizado por un préstamo hipotecario específico; es una promesa por escrito de devolver una suma de dinero especificada más los intereses a una tasa y un período de ustedempo especificados para cumplir la promesa.

Propiedad de bienes raíces (REO) - Propiedad inmobiliaria o REO es un término utilizado en los Estados Unidos para describir una clase de propiedad que pertenece a un prestamista - típicamente un banco, una agencia gubernamental o un asegurador de préstamos del gobierno - después de una venta infructuosa en una subasta de ejecución hipotecaria.

Refinanciamiento - Conseguir una nueva hipoteca para reemplazar la original se llama refinanciación. La refinanciación se hace para permitir al prestatario obtener un mejor plazo y tasa de interés. El primer préstamo se paga, lo que permite crear el segundo préstamo, en lugar de simplemente hacer una nueva hipoteca y tirar la hipoteca original.

Costo de Reproducción - Los costos que implica la reproducción idéntica de un bien o propiedad con los mismos materiales y especificaciones que una propiedad asegurada en base a los precios actuales.

Definiciones de Bienes Raíces

Derecho de supervivencia - El derecho de supervivencia es un atributo de varios tipos de propiedad conjunta, en particular la tenencia conjunta y la tenencia en común. Cuando la propiedad conjunta incluye un derecho de supervivencia, el propietario superviviente absorbe automáticamente la parte de la propiedad que le corresponde al propietario moribundo. Así, si A y B poseen conjuntamente una casa con derecho de supervivencia y B muere, A se convierte en el único propietario de la casa, a pesar de cualquier intención contraria en el testamento de B.

Compromiso de espera - Un compromiso de reserva es un acuerdo formal de un banco por el que se compromete a prestar dinero a un prestatario hasta una cantidad determinada durante un período específico. También se conoce como préstamo con compromiso firme. La cantidad entregada en virtud de un compromiso de reserva se utilizará únicamente en una contingencia específica.

Oferta y Demanda - La ley de la oferta y la demanda es un principio económico básico que explica la relación entre la oferta y la demanda de un bien o servicio y cómo la interacción afecta al precio de ese bien o servicio. La relación de la oferta y la demanda afecta al mercado de la vivienda y al precio de una casa.

Definiciones de Bienes Raíces

Tenencia de la totalidad de la vivienda - Inquilinos por completo (TBE) es un método en algunos estados por el cual las parejas casadas pueden tener el título de una propiedad. Para que uno de los cónyuges pueda modificar su participación en la propiedad de cualquier manera, se requiere el consentimiento de ambos cónyuges para los inquilinos en su totalidad.

Póliza de seguro del título - El seguro de título es una póliza de seguro que cubre la pérdida del interés de propiedad en una propiedad debido a defectos legales y se requiere si la propiedad está bajo hipoteca. El tipo más común de seguro de título es el seguro de título de un prestamista, que es pagado por el prestatario pero protege sólo al prestamista.

Pérdida de vacantes y de alquiler - Vacío y Pérdida de Crédito en la inversión inmobiliaria es la cantidad de dinero o el porcentaje de los ingresos netos de explotación que se estima que no se realiza debido al impago de alquileres y unidades vacantes

Testamento - Un testamento es un documento legal por el cual una persona, el testador, expresa sus deseos en cuanto a la forma en que se distribuirán sus bienes en caso de fallecimiento, y nombra a una o más personas, el albacea, para administrar la sucesión hasta su distribución final.

Material
Promocional

$10,000 Marketing en Internet MegaSized &

Curso de redacción & SEO &

Bonus de Valor $1,000

LIBRERÍA I (Programas de Videos de Capacitación)

1. Creación de productos

2. Redacción de la copia y pago

3. Página de descarga de productos y de respuesta automática

4. Cómo empezar un negocio de freelance

5. Video Marketing

6. Edificio de la lista

7. Marketing de afiliados

8. Cómo obtener un tráfico masivo en el sitio web

LIBRERÍA II (Programas de Videos de Capacitación)

1. Subvenciones del Gobierno de Minas de Oro

2. Cómo escribir un plan de negocios

3. Secretos para hacer dinero en eBay

4. Reparación del crédito

5. Establecimiento de objetivos

6. Protección de activos Cómo incorporar

$$10,000 Marketing en Internet MegaSized &

Curso de redacción & SEO &Bonus de Valor $1,000

LIBRERÍA III

1. SEO PARTE 1 SIMPLIFICADA

2. SEO PARTE 2 SIMPLIFICADA

3. Blogs de la red privada de SEO

4. Señales sociales de SEO

5. Ganancias de SEO

Bonus 1000 Package!

1. Secretos internos de los contratos gubernamentales (PDF)

2. 1000 Libros/Guías (archivos de texto)

3. Descuentos de vacaciones (archivo de texto con enlaces a los descuentos)

4. Reproductores multimedia (3 programas de software)

¡¡GARANTÍA DE DEVOLUCIÓN DEL 100% DEL DINERO!!

TODO EN UNA UNIDAD FLASH DE 8 GIGABYTES

¡¡¡Esta biblioteca masiva con un valor de 10.000 dólares, todo por sólo un

Pago de única ocasión de $67!!!

Obtenga acceso instantáneo usando el enlace de abajo:

https://urlzs.com/p7v3T

¡Deje un comentario y únase a nuestra lista de correo VIP y luego obtenga todos nuestros audiolibros gratis! ¡Lanzaremos más de 100 audio libros para generar dinero en los próximos 12 meses! ¡Sólo deje un comentario y únase a nuestra lista de correo y obténgalos todos gratis!

Sólo tiene que pulsar/escribir en el enlace de abajo

https://urlzs.com/HfbGF

¡Por favor, deje una revisión!

No hay otro libro de inversiones inmobiliarias en el mercado que le dé tantas fuentes de bienes raíces al por mayor como este libro.

¡Mi libro le da más y en la mayoría de los casos por menos!

Este libro también le da un sitio web que tiene más de 4.000 fuentes de financiación de bienes raíces, además de las más de 2.400 fuentes de ayuda federal del gobierno.

He disfrutado haciendo toda la investigación y compartiendo mi experiencia en inversiones inmobiliarias en el mundo real en lo que espero sea una terminología fácil de entender.

¡Así que les pido que dejen un comentario honesto y espero esté bien!

Gracias.

Saludos cordiales,

www.ingramcontent.com/pod-product-compliance
Lightning Source LLC
Chambersburg PA
CBHW071721210326
41597CB00017B/2553